कुछ कहना है..

प्रतीति

Kamleshwar Dayal Shrivastava

BookLeaf Publishing
India | USA | UK

Made with ❤ on the BookLeaf Publishing Platform
www.bookleafpub.in
www.bookleafpub.com

Dedication

मेरा यह कविता संग्रह मेरे स्वर्गीय पिता
श्री रामेश्वर दयाल श्रीवास्तव एवं माताजी श्रीमती दयावती श्रीवास्तव जी को समर्पित है। मेरे पिता की हिन्दी और उनकी लिखावट बहुत अच्छी थी। मेरे माता-पिता के अलावा मुझ में भाषा की समझ विकसित करने में जिनका महत्वपूर्ण योगदान रहा है, मैं उनको भी याद करना चाहता हूं, वे है मेरी मंझली अम्मा एवं ताई जी स्व श्रीमती कमला देवी जी श्रीवास्तव। मैं अपने स्कूल और कॉलेज के समस्त गुरूजनो , सहपाठियों , मित्रों ,सहकर्मियों को भी यह कविता संग्रह समर्पित करता हूं। मैं अपनी पत्नी, पुत्री और परिवार के सभी सदस्यों का भी आभार व्यक्त करता हूं ,जिनके प्रत्यक्ष अप्रत्यक्ष सहयोग एवं शुभकामनाएं के बिना यह सृजन कार्य करना संभव नहीं था।
कमलेश्वर दयाल श्रीवास्तव
भोपाल मध्य प्रदेश

Preface

प्रस्तावना

मेरी कविताएं मेरे मन की विभिन्न दशाओं और अनुभवों की शाब्दिक ,भावात्मक और प्रतीकात्मक प्रतिक्रिया है। इनके परिलक्षित होने में समसामयिक घटनाओं ,परिस्थितियों और वातावरण का महत्वपूर्ण योगदान है। यह कभी भावविव्हल अंतस की पीड़ा है,कभी आनंद ,कभी सुखद कल्पना है और कभी संदेश भी है ।जैसे कि मेरी एक कविता की कुछ पंक्तियां निम्न प्रकार है -

धूं धूं करके जलता घर,
तिल तिल करके मिटता घर ।
अपने आज पराए है ,
दीवारों में बंटता घर।

उक्त पंक्तियों में कवि ने देश में फैली अराजकता और अव्यवस्था से उत्पन्न जनमानस की पीड़ा को व्यक्त करने का प्रयास किया है, जबकि निम्न पंक्तियों में कवि प्रेयसी की आंखों के बारे में लिखता है-

"कुछ तो है तेरीआखों में,
कि नजर हटती नहीं।
अरमानों के जंगल में,
जिंदगी भटकती नहीं।"

अन्य कवियों की तरह मेरी भी आकांक्षा है, कि मैं अपनी कविताओं को पाठकों के समक्ष पढ़ने हेतु प्रस्तुत करूं। यदि मेरी कविताएं पाठकों के अंतर्मन को स्पर्श कर , उनमें आनंद और समानुभूति का भाव उत्पन्न कर पाती है, तो मैं अपने इस प्रयास को सार्थक समझूंगा।

Acknowledgements

आभार

मैं आभारी हूं, उन सभी महान कवियों एवं लेखकों का जिनकी कविताएं सुनकर और पढ़कर, मुझमें कविता लिखने की थोड़ी बहुत समझ बन सकी ।साथ ही उन व्यक्तित्वों एवं हिंदी शिक्षकों का भी आभारी हूं, जिन्होंने प्रत्यक्ष एवं अप्रत्यक्ष रूप से मुझे कविता लिखने के लिए प्रेरित किया।

1. जलता घर

धूं धूं करके जलता घर ,
तिल तिल करके मिटता घर।
अपने आज पराए है,
दीवारों में बंटता घर।
पल पल देश निकाला सा,
मकड़ी मकड़ी जाला सा,
मकड़ी के जाले बुनता घर।
कोने कोने धूल जमी है,
आंधी पानी सर्द नमीं है,
रिसता और कसकता घर।
अपनी डफ़ली ,अपना राग,
सुलग रहे सब भू भाग ,
बहकता और गिरता घर।
धूं धूं.......

2. सफेद शर्ट, पेंट खाकी सा घर

अम्मा ,दादी ,चाची का घर,
गिल्ली, डंडा, काकी का घर।
मन को बहुत ललचाता है,
 हर दिन उत्सव झांकी सा घर।
दिन उगे शैतानी थी,
हर रात नई कहानी थी।
अब भी खूब लुभाता है,
चिड़िया बल्ला,हांकी का घर।
हर दिन चवन्नी मिलती थी,
कम में भी बांछे खिलती थी।
अम्मां ही संभाले थी,
हिसाब किताब बाकी का घर।
अब तो स्कूल जाना है,
शेष नहीं बहाना है।
बस्ता टांगे दिखता है्
सफेद शर्ट और पेंट ,खाकी सा घर।

3. उजर उजर बनता ये घर

आग उगलते शहरों में,
 वादी की खूनी नहरों में,
शेष नहीं कुछ, लगता है पर,
दूर कहीं ठिठका है घर।
ऊंचे महल मकानों में ,
अपने और बेगानों में ,
लगता है जब मुझको डर,
ढाढस देता दिखता है घर।
ना ऊंचे रीति रिवाजों में,
ना महलों में, ना ताजो में,
जीवन जाता जहां बिखर,
डगर डगर बनती है घर।
हर युग की पहचान बना है ,
मानवता की आन बना है,
मिटे फिरंगी और बाबर,
उजर उजर बनता ये घर।

4. कुछ तो है, तेरी आंखों में

कुछ तो है तेरी आंखों में, कि नजर हटती नहीं अरमानों की जंगल में ,
जिंदगी भटकती नहीं।
आईने की तकदीर तो थी उदासियां,
चेहरे की खुशियां अब उससे सिमटती नहीं।
बेमानी है सूरज, उजालो के लिए,
हस्ती जुगनू की तिमिर में मिटती नहीं।
राज दिल के गर छिप सकते छिपाने से,
रूबरू उनके जुवां यूं लरजती नही।
अब भी तुम्हारी वफाओं का असर बाकी है,
वेबफ़ाई जमाने की खटकती नहीं।

5. जाने कौन याद के पन्ने पलट रहा है...

लम्हा लम्हा कुछ घट रहा है,
 कुछ फैला था, जो सिमट रहा है।
मेरीआखों में तेरी धुंधली तस्वीर है,
जाने कौन सा क्षण अब सुबक रहा है।
वो मेरी महफ़िले,मेरी तनहाइयां,
 वे गजलें ,वे रूबाईयां,
वो नाज अदा नखरा तेरा,
वो शर्मोहया, वो अंगड़ाइयां,
वो रोशनी की चमक दमक,
वो नेपथ्य की परछाइयां,
जाने कौन याद के पन्ने पलट रहा है।

6. संवेदनहीन सर्दी है

गमों की रजाई में सुख की गर्मी,
कौन कहता है संवेदनहीन सर्दी है।
ठिठुरते सूरज में जीवन की आंच है,
बदन को गरमाती तुम्हारी सांस है।
नेह की ओस देह पर बरसी है,
कौन कहता है,स्पंदनहीन सर्दी है।
संघर्षों के कुहासों में, चिनगारियां सुलगी है।
गुर्बत की गुदड़ी में कुन्ठाये पिघली है
प्रखर हिमखंडो से उष्ण उम्मीदें झरती है।
कौन कहता है ,उष्माहीन सर्दी है।

7. सोचा नहीं था ऐसा होगा

सोचा नहीं था ऐसा होगा,
सूक्ष्म शत्रु से क्षीण जीवन का भरोसा होगा।
सांस सांस पर पहरा होगा,
इस अगंगल में भी कुछ राज गहरा होगा,
जाने किसने मारक जीवाणु को पोषा होगा ।
सोचा नहीं था ऐसा होगा...
मेल मिलाप हंसी ठठ्ठा सब दूर होंगे,
उत्सव आनंद के सब सपने भी चूर होंगे,
किस लाचारी में प्रकृति ने मानव को कोसा होगा।
सोचा नहीं था ऐसा होगा ...
इस महामारी से यूं हालत खराब होंगे,
दुनिया के कैसे पूरे ,बिगड़े हिसाब होंगे,
नन्ही खुशियों ने भी लॉकडाउन में मनमसोसा होगा।
सोचा नहीं था ऐसा होगा ...
एक जुट है हम ,न हारेंगे न डरेंगे,
प्रतिबद्ध है केरोना को एक दिन परास्त करेंगे,
गहन संकट में भी साहस हमारा, नहीं रुआंसा होगा।
सोचा नहीं था ऐसा होगा ....

8. जब झील को देखा

गंदा हरा खामोश पानी ,
और महल का झरोखा ।
आंख समंदर हो गई ,
जब झील को देखा ।
निरंकुश कचरे से,
सहमी है जल रेखा।
आततायी आदतों ने,
हरदम इसे किया अनदेखा।
जलकुंभी जमात सी,
है अराजकता बिखरी।
सहेज कर सांस्कृतिक धरोहर,
क्यों नहीं सभ्यता निखरी।
फैलाये पांव शहर ने,
तट दिए झील के धकेल।
इन मनमौजी नकचढ़ो को,
कोई तो बांधे नकेल।
झील की बयारों में,
हैं अम्मा दादी की कहानी।
एक विकसित सभ्य समाज की,
है ये अनमोल निशानी।
आओ सब मिल ,
एक नई अलख जगाये।
संरक्षित कर झील को,
अस्मिता इसकी बचाये।

9. मेरा खुदा मेरे आस-पास है

मेरा खुदा मेरे आस-पास है,
डूबती है नाव जहां, किनारा होता पास है।
छल और कपट ,दुनिया का हिस्सा है,
होता है इसकाअंजाम बुरा,कितनों को एहसास है।
मैंने ये सोचकर उसका गिरेवां छोड़ दिया,
सुना है कयामत के दिन, सबका होता हिसाब है।
बुराई और अच्छाई ,एक ही सिक्के के दो पहलू है,
एक है अंधेरे में , दूसरे पर रोशनी साफ है।
मैं तो जिंदगी के सफ़र में था,
ठोकरों ने बताया कि मंज़िल पास है।

10. आद्योपांत

वक्त के श्याम पट पर लिखेअक्षरों में ,
कभी मेरी छवि भी उभरेगी।
जब मेरे बताए शब्दों की लिपि
उसके सामने से गुजरेगी
या फिर जब वह मेरा विषय
अगली पीढ़ी को पढ़ायेगा।
शब्द संरचनाओं की झुरमुटी उलझनों में,
सीख मेरी स्मरण कर मार्ग सही पा जायेगा।
इस बड़े गेट की परिसर में,
मेरी कई सीपियां बिखरी पड़ी है।
हर सीप में मोती हो जरूरी नहीं,
पर प्रेम की एक बूंद पड़ी है।
मैंने यंहां अपने चाक जिगर की चुभन को,
चाक की लिखावट की तरह मिटाया है।
अपनी हर तृप्त एवं अतृप्त तृषा को,
नौनिहालों से उम्मीदों में जिलाया है।
उम्मीदें देह नहीं जो हो जाये,
निश्तेज और क्लांत ।
मैं जिऊंगा वर्षो तुममें,
तुम ही हो मेरा आद्योपांत।

11. विदाई

आज मेरा आखरी दिन है, मेरी विदाई है ,
एक लंबी कहानी चंद लफ्जों में सिमट आई है ।
काश मैं किसी फिल्म की तरह,
आप को अपने फ्लेश बेक में ले जा पाता।
अपनी खुशियां और ग़म,
सक्सेस और ड्रा बेक दिखा पाता।
खोने और पाने के संघर्ष में,
जिंदगी सदा मुस्काई है..
आज मेराआखरी दिन है,मेरी विदाई है....
आज भी मेरी आंखों में,
उस नौजवां का अक्स उभरता है।
उमंग और जोश से भरपूर ,
हर पल मेरे पास रहता है।
हम अक्सर बातें करते हैं,
गीत पुराने गाते हैं ।
अब भी दिल में ,वही मासूमियत छाई है।
आज मेरा आखरी दिन है, मेरी विदाई है.
वह क्षण आया जब,
नयनो की अफरा तफरी बंद हुई,
अल्हड़ अतुकांत कविता ज्यों छंद हुई।
देहरी पर बैठी देख रुपसी को,
मनमौजी पवन की गति कुछ मंद हुई।
यादों के नभ में रूपहली चांदनी छाई है,
आज मेरा आखरी दिन है,मेरी विदाई है..

पता नहीं चला कब समय गुजर गया,
जीवन की उथल-पुथल में मैं,
कब किसका दिल तोड़ गया।
अमृत हो या गरल नैवेद्य समझ पी गया।
आज चश्मा लिए चेहरे पर ,
अनुभव की सफेदी छाई है
आज मेरा आखरी दिन है,मेरी विदाई है।

12. ये रात बहुत लंबी है...

जाने कब तलक सुबह होगी ,
यह रात बहुत लंबी है।
इन झरोखों से अब उजाला आता नहीं,
रोशनी को रोकती दीवारें गगनचुम्बी है।
थाह दुखों की मिलती नहीं,
तैरते पैरों में फंसी जलकुंभी है।
मुश्किलो से मैं घबराता नहीं,
जिजीविषा मेरी बहुत दंभी है।
मिलते हैं अपने,आजकल ग़ैरो की तरह ,
तासीर रिश्तों की बहुत अचम्भी है।

13. दर्द हौले से चला आए,तो...

दर्द हौले से चलाआए तो नशा होता है,
जिंदगी जीने का यही एक मजा होता है।
यूं तो लोग जीते है यहां अक्सर मरने के लिए,
मौत को हराकर जीने का, हर लम्हा खुशनुमा होता है।
राज दिल के छिपते नहीं छिपाने से,
खामोशियों का भी अंदाजे ए बयां होता है।
ये असफलताएं पड़ाव है, मेरी मंजिल की,
चलते कदमों में ही मंजिल का पता होता है।
ना इतरा तू अपनी खुदाई पर,
हकीकत तो जमीं है ,आसमान का गुमां होता है।

14. जाने कहां जिंदगी खो गई है...

जाने कहां जिंदगी खो गई है ,
जीने को है जहां, पर जीना भूल गई है।
बंधे बंधे से हाथ है,
कशमकश में है, फिर भी साथ है।
डगमगाती कश्ती है,
डूबना रोज की बात है।
नजरे किनारों से दूर हो गई है।
जाने कहां जिंदगी खो गई है।
अकड़ कर वे चलते हैं ,
जिनके हाथों में है बोझ कम।
मैं झुक कर दोहरा हुआ जाता हूं,
ढो रखे है, जमाने के सितम।
संवेदनाएं भी अब सियासी हो गई है।
जाने कहां जिंदगी खो गई है।
ट्रेनों बसों में लटकती जिंदगी,
सत्ता की नशे में बहकती जिंदगी,
ट्रैफिक सिग्नल पर कुछ अध नंगे शरीर,
इंसानी आंखों को क्यों नहीं खटकती जिंदगी।
क्या सभ्यता की नस्लें बौनी हो गई है।
जाने कहां जिंदगी खो गई है।
जाने कौनसी मंजिल की राह पर,
चल पड़े हैं हम सब।
या मंजिले खो गई है,
चले जा रहे है, वे ढब।

भागते रहना हमारी फितरत हो गई है।
जाने कहां जिंदगी खो गई है।

15. झगड़े थे कभी..

झगड़े थे कभी, अब बात तो करें ।
उसकी कोई अच्छी बात, याद तो करें।
माना की अंधेरा बहुत गहरा है,
कहीं से उजाले की शुरुआत तो करे ।
क्या सब्र का ठेका हमने ही ले रखा ,
सामने से आओ,दो-दो हाथ तो करें।
हर तरफ झूठ का बोलबाला है,
कोई सच की वकालात तो करें।
कठ पुतली ना बनो ,किसी के हाथों की,
इंसानों की तरह,सवालात तो करो।
पहचान लेगी रियाया,कि तुम क्या हो?
सियासी बहस में,कुछ मुक्का लात तो करो।
वो कहते हैं कि, हम उनसे बात नहीं करते,
गुफ्तगू के लिए,पैदा माकूल हालात तो करो।

16. संदिग्ध रहा तेरा गलियारा

व्यर्थ जिया ये जीवन मैंने,
न पाकर प्रेम तुम्हारा।
इच्छाओं के मोहपाश में,
भटका जीवन सारा ।
हर घड़ी बहता रहा,
जैसे निर्झर अल्हड़ धारा।
मेरी प्रकृति ही ऐसी है,
बूझ सका ना अंधियारा।
खोया रहा हर वक्त खुदी में,
तेरा अतल प्रेम बिसारा ।
हर गली में सनम को ढूंढा,
संदिग्ध रहा तेरा गलियारा।

17. ठंड का एक दिन

ठंड का एक दिन
और
ठिठके अहसास
उकसा रहे हैं मुझे
शीत के उनींदे धुंधलके पर
ओस भरी कलम चलाने को
तमतमाती धूप, मिटता धुंधलका
लोप होते अस्पष्ट आभासी प्रतिबिम्ब
दीख पड़ती है कटु वास्तविकता
फिर कल की मीठी यादें
कुम्हलाए मन से शाम को अस्त हो जाती है।

18. बोलता सन्नाटा

डूबते सूरज की लालिमा लिए,
वह कितना शांत और मौन है?
वक्त की धुंध में खोया हुआ,
उसे अतीत से पुकारता कौन है?
वह किले की सुरक्षा चौकी है,
या ऊंचाई से जमीं को देखता है कोई बुर्ज ।
बांहे फैलाए बुला रहा है हमें,
आतुर है कुछ बताने को दुर्ग ।
इसकी दरकती दीवारों में,
सदियों की कहानी है।
ग़म और खुशी की झुर्रियां लिए,
लगती कोई गाथा पुरानी है।
बोलते सन्नाटे का लंबा सिलसिला है,
कहीं मूर्ति का सिर,कहीं धड़ मिला है।
वीर योद्धाओं की शान में खड़ा,
यह एक पुराना किला है।

19. बोलना है जरूरी

साध मन की मौन रहकर, होती नहीं पूरी,
वेदना से मुक्ति के लिए, है बोलना जरूरी।
नसों में खौलता खून ,
जब उबल कर बाहर आयेगा,
तप्त लावा सा बन,
अन्याय की हर दीवार को ढहा जाएगा।
शत्रु के समूल अंत के बिना,
ये जंग है अधूरी।
जलती मोमबत्तियों से,
पिघली मोम अब जमेगी नहीं।
जिंदा भीड़ की ये मुहिम,
अब थमेगी नहीं।
तोड़ने को एकता हमारी,
छद्म वेश में है ,मृग कस्तूरी।
पापियों के विष से,
विषमय हो गई विष्णुपदी।
ज़ुल्म ज़ुल्मियों के सहते,
बीत गई कई सदी।
अवतरित हो चक्रधर,
प्रजा तुम्हें पुकारती।
है आतुर देखने को,
फाग सिंदूरी ।

20. रूमाल

एक दिन अचानक ,
करीने से रखा हुआ रुमाल मिला।
तुम्हारी याद आ गई।
तुम कितनी खूबसूरती से,
मेरी जिंदगी की,
सलवटों को मिटाती थी,
सहेजती थी मुझे,
इस रुमाल की तरह,
खुद वेतरतीब रहकर,
रोज करती थी ,मुझे तैयार
दुनियावी धूल धरास
से भिड़ने के लिए
और
शाम होते ही थाम लेती थी
अपने थके मांदे सूरज को
मखमली हथेलियों के बीच
इस रुमाल की तरह

21. आंखें न मूंदो..

आंखे ना मूंदो,
रोशनी में रहो।
अपने दिल की सुनो
कुछ अपनी कहो।
पढ़ते हो जो,
उसका मतलब भी जानो।
जिंदगी है पहेली,
पहले बूझो फिर मानो।
बुराई से बचो,नेक दिल तुम बनो..
कब तलक तुम ज़हालत में जिओगे,
भीड़ में भेड़ों की तरह चलोगे।
गढ़ोगे खंजर हैवानियत के,
सियासत की कठपुतली बनोगे।
इंसा ही रहो,गफलत में न जिओ..
चिल्लाने से भगवान नहीं मिलते,
बिना बीज बोए फूल भी नहीं खिलते।
उसे दिल में ढूढ़ो,सदा दिल की सुनो.
अंध कट्टरता की,
अब ना इबारत लिखो।
सबके बारे में सोचो,
सच की बात करो।
आस्तीन के सांप न बनो
तिरंगे का एहतराम करो...

www.ingramcontent.com/pod-product-compliance
Lightning Source LLC
Chambersburg PA
CBHW070655240926
51846CB00003BA/920
9789375104292